GEORGES D'HEILLY

EXTRACTION

DES

CERCUEILS ROYAUX

A SAINT-DENIS EN 1793

RELATION AUTHENTIQUE

On le vend à Paris chez Jouaust
Rue Saint-Honoré, 338
Et chez Rouquette, libraire
Passage Choiseul, 89

M.DCCC.LXVI

EXTRACTION
DES
CERCUEILS ROYAUX
EN 1793

Le tirage a été seulement
de 300 exemplaires.

GEORGES D'HEILLY

EXTRACTION

DES

CERCUEILS ROYAUX

A SAINT-DENIS EN 1793

RELATION AUTHENTIQUE

On le vend à Paris chez Jouaust
Rue Saint-Honoré, 338
Et chez Rouquette, libraire
Passage Choiseul, 89

M.DCCC.LXVI

UN religieux de l'abbaye de Saint-Denis, témoin oculaire de l'extraction des cercueils de nos rois des funèbres caveaux de la royale église, en 1793, en a laissé une relation fort curieuse. Je suis étonné que ce tra-

vail, enfoui depuis plus de 60 ans dans les notes peu lues de certaines éditions d'un livre encore célèbre, n'ait pas tenté jusqu'à ce jour un exhumateur quelconque de curiosités bibliographiques.

C'est à l'aide des précieuses notes prises par ce religieux, à cette terrible époque, qu'a été composé ce petit volume. J'ai cru devoir retrancher beaucoup de détails inutiles, de no-

menclatures sans intérêt, et même de puérils commentaires. Enfin j'ai rectifié et complété quelques erreurs et quelques oublis. Tel qu'il est, ce travail offrira je l'espère, au lecteur, l'intérêt très-grand que j'y ai moi-même trouvé.

EXTRACTION

DES

CERCUEILS ROYAUX

EN 1793

C'est le 6 août 1793 que fut commencée la destruction des magnifiques tombeaux qui remplissaient l'illustre basilique de Saint-Denis, et qui ont été en partie brisés par les mains impatientes et inhabiles des ouvriers. Le massacre dura trois jours; 51 tombeaux, chefs-d'œuvre progressifs de l'art pendant douze siècles, furent renversés en trois fois 24 heures!

L'extraction des corps placés sous ces tombeaux ne commença qu'au mois d'octobre 1793, et fut faite dans l'ordre que nous allons dire.

Le samedi 12 octobre 1793, on a tiré du caveau des Bourbons le cercueil d'Henri IV, mort à 57 ans en 1610.

Le corps bien conservé était fort reconnaissable. Jusqu'au lundi 14 il resta exposé dans son suaire, et chacun eut la liberté de venir le contempler. Un soldat tira même quelques poils de sa barbe, qu'il garda comme reliques. Enfin, ce lundi, à 2 heures de l'après-midi, on jeta le corps dans un lit de chaux, déposé dans un fosse immense creusée dans le cimetière des Valois, situé au chevet de l'église.

Le lundi 14 octobre, à 3 heures,

on ouvrit les cercueils des princes et princesses, en commençant par celui de Louis XIII, mort à 42 ans en 1643, et dont la moustache était encore bien conservée;

Louis XIV, mort à 77 ans en 1715, et déjà noir comme de l'encre.

Puis on tira les cercueils de Marie de Médicis, morte en 1642, à 68 ans; d'Anne d'Autriche, morte à 64 ans en 1666; de Marie-Thérèse, femme de Louis XIV, morte en 1683, à 45 ans, et de son fils Louis, dauphin de France, mort à 50 ans en 1711.

Tous ces corps, et surtout le dernier, étaient en putréfaction liquide.

Le mardi 15 octobre, extraction et ouverture des cercueils de dix princes et princesses de la lignée de Louis XIV..

Le premier était celui de la reine, femme de Louis XV, morte en 1768, à 65 ans.

Puis ceux de la Grande Dauphine, du duc de Bourgogne et de sa femme, de la dauphine, bru de Louis XV, morte à 20 ans, en 1746, et de plusieurs petits princes et princesses décédés en bas âge.

On retira ensuite de leurs cercueils les corps de 3 filles de Louis XV;

puis celui du duc de Bourgogne, frère de Louis XVI; celui d'un fils de Henri IV, mort à 4 ans, en 1611; ceux de Gaston d'Orléans, fils de Henri IV, et de ses deux femmes; celui de la fameuse duchesse de Montpensier, morte à 66 ans, en 1693, et enfin ceux de jeunes enfants de Gaston d'Orléans.

La plupart de ces corps étaient en putréfaction; il en sortait une vapeur noire et épaisse d'une odeur infecte, qu'on chassait à force de vinaigre et de poudre qu'on eut la précaution de brûler; ce qui n'empêcha pas les ouvriers, dit le religieux, de gagner des dévoiements et des fièvres, mais qui n'ont pas eu de mauvaises suites.

Le mercredi 16 octobre 1793, à 7 heures du matin, on a ouvert les cercueils de 23 princes et princesses de la famille des Bourbons.

On a commencé par celui de Henriette, reine d'Angleterre, la triste veuve de Charles Ier, morte à 60 ans, en 1669.

Puis on a sorti de leur couche de plomb, qu'ils avaient pu pourtant croire la dernière :

Philippe d'Orléans, frère unique

du roi, mort en 1701, à 61 ans;

Ses deux femmes : 1° la princesse Henriette Stuart, fille de Charles Ier, morte à 26 ans, en 1670; 2° la princesse Charlotte de Bavière, morte en 1722, à 70 ans; laquelle a écrit des lettres si fameuses par leur crudité brutale;

Philippe, régent de France, fils de la précédente, mort dans les bras de la duchesse de Phalaris, en 1723, à 49 ans;

Sa fille, la lubrique duchesse de Berri, morte par imprudence, en 1719, à 24 ans, après la naissance d'un enfant qu'elle avait eu du trop célèbre chevalier de Riom;

Son mari, Charles, duc de Berri, petit-fils de Louis XIV, mort en 1714, à 28 ans.

Puis on sortit de leurs petits cercueils les deux premières filles de Louis XIV, mortes en 1662 et 1664, âgées d'un peu plus de 40 jours;

La troisième fille du même prince, morte à 5 ans, en 1672;

Philippe et Louis, successivement ducs d'Anjou, fils du grand roi, morts l'un en 1671, à 3 ans, l'autre en 1672, à 4 mois et demi;

On amena encore les cercueils de trois petits enfants de Monsieur, frère de Louis XIV, et également ceux de trois autres enfants du duc et de la duchesse de Berri, morts presque aussitôt après leur naissance.

Un plus grand cercueil fut alors extrait; on y trouva le corps de la 6e fille de Louis XV, Sophie de France, morte en 1782, à 47 ans.

On découvrit ensuite un petit cercueil contenant les os desséchés d'une fille du comte d'Artois, depuis Charles X, morte à 5 mois, en 1783; et un autre plus grand, où était le cadavre de Mademoiselle, autre fille du même prince, morte à 7 ans, en 1783.

Enfin, on tira deux autres cercueils: le premier renfermait le corps d'une fille de Louis XVI morte à un an, en 1787; dans le second, on trouva le premier dauphin, fils du roi et de la reine Marie-Antoinette, mort à près de 8 ans, en 1789.

Ce même jour, mercredi 16 octobre, à 11 heures du matin, au moment où la reine Marie-Antoinette montait sur l'échafaud, on sortit de son caveau provisoire le cercueil de Louis XV, mort en 1774, à 64 ans.

Il était à l'entrée du caveau, où le dernier roi attendait que son successeur vînt le remplacer et lui permettre de prendre, au milieu des princes de sa famille, le rang qui lui était à l'avance assigné.

On n'ouvrit le cercueil de Louis XV que dans le cimetière, sur le bord de la fosse. Le corps, bien enveloppé de linges et de bandelettes, paraissait tout entier et bien conservé; mais, dégagé de tout ce qui l'entourait, il tomba aussitôt en putréfaction, et il en sortit une odeur si infecte qu'il ne fut pas possible de rester présent : on brûla de la poudre, on tira plusieurs coups de fusil pour purifier l'air, et on jeta bien vite dans la fosse ces tristes restes sur un lit de chaux vive.

On en fit autant des entrailles des princes et princesses qui étaient dans des seaux de plomb, déposés sous les tréteaux de fer qui portaient leurs cercueils.

A trois heures, on ouvrit le caveau du roi Charles V, mort en 1380, à 42 ans. On trouva dans son cercueil, et dans un incroyable état de conservation, une couronne royale de vermeil, un sceptre et une main de justice en argent, avec dorures encore éclatantes.

Dans le cercueil de la reine, sa femme, Jeanne de Bourbon, morte en 1378, à 40 ans, il y avait quelques débris d'ornements divers, une quenouille en bois pourri, des souliers brodés et un anneau d'or.

On avait inhumé, au pied de leurs tombeaux, trois princesses, leurs filles, mortes en bas âge, et un prince, leur petit-fils, Charles de France, mort à 3 ans, en 1386.

Leurs os, sans cercueils de plomb, gisaient au milieu des planches, à moitié en poussière, des coffres qui les avaient renfermés.

Le jeudi 17 octobre, on ouvrit les tombeaux de Charles VI, mort en 1422, à 54 ans, et de la reine Isabeau de Bavière, sa femme, morte en 1435. On ne trouva dans leurs cercueils que des ossements desséchés.

Dans le tombeau de Charles VII, mort à 59 ans, en 1461, et dans celui de sa femme Marie d'Anjou, morte en 1463, on ne découvrit qu'un reste de couronne et de sceptre d'argent doré.

Le même jour, on sortit de leurs cercueils de plomb Blanche de Navarre, seconde femme de Philippe de Valois, morte en 1391, et Jeanne de France, leur fille, morte à 20 ans, en 1371. La tête de cette dernière ne put être retrouvée.

On ouvrit ensuite, vers le soir, le caveau de Henri II. On en tira d'abord deux cœurs, sans inscription; puis on sortit les corps du duc d'Alençon, mort à 30 ans, en 1584; du roi François II, mort à 17 ans, en 1560; d'Elisabeth de France, fille de Charles IX, morte à 6 ans, en 1578.

On ouvrit encore ce soir-là le cercueil du roi Charles VIII, mort à 28 ans, en 1498. Il ne contenait que quelques os épars dans une poussière informe.

Le vendredi 18 octobre, on continua l'extraction des cercueils du caveau de Henri II. On en sortit quatre fort grands : ceux du roi Henri II, tué à 40 ans, en 1559 ; de sa femme Catherine de Médicis, morte à 70 ans, en 1589 ; du roi Charles IX, mort à 24 ans, en 1574 ; du roi Henri III, mort en 1589, à 38 ans.

On en sortit encore trois petits cercueils, contenant les corps de deux princesses et d'un prince, enfants de Henri II, morts en bas âge.

Après le dîner des ouvriers, on ouvrit le caveau de Louis XII, mort à 53 ans, en 1515. A côté de son cercueil, on trouva celui de sa femme Anne de Bretagne, morte en 1514, à 37 ans. Tous deux renfermaient des couronnes de cuivre doré.

Dans une pierre creuse, tapissée de plomb à l'intérieur, et couverte d'une autre pierre toute plate, était le corps de la reine de Navarre, fille de Louis X, morte à 38 ans, en 1349. Le roi son père était dans un tombeau de même nature, taillé en forme d'auge, et contenant, avec quelques ossements, un reste de sceptre et de couronne rongé par la rouille. Il était mort en 1316, à 27 ans. Dans un petit cercueil de pierre, placé auprès du sien, on retrouva les os du petit roi Jean, son fils posthume, mort à 4 jours.

On retrouva également, dans un cercueil de pierre, les os presque en poussière de Hugues, comte de Paris, mort en 956, père de Hugues Capet.

Enfin, on découvrit la fosse où Charles-le-Chauve, mort empoisonné en 877, avait été transporté du prieuré de Mantui, en 884.

Le samedi 19 octobre, on ouvrit le tombeau du comte de Boulogne, père de Philippe-Auguste, mort en 1223, et celui d'Alphonse de Poitiers, frère de saint Louis, mort en 1271. Les cheveux adhérents au squelette de ce dernier étaient parfaitement conservés, mais le corps de Philippe-Auguste, mort en 1223, et enseveli dans un cercueil de pierre, était entièrement anéanti.

On ouvrit ensuite le cercueil de Louis VIII, mort à 40 ans, en 1226. Le corps était presque détruit; mais on retrouva un sceptre de bois à moitié pourri, un diadème et une calotte satinée, assez bien conservés. Le cadavre avait été enveloppé dans un drap tissu d'or, dont les morceaux étaient encore éclatants. Le tout était enfermé dans un sac de cuir fort épais et solidement cousu.

De Marguerite de Provence, femme de saint Louis, morte en 1295, on ne retrouva, dans une auge de pierre, remplie de gravats, qu'une rotule et deux petits os. Mais on ne put découvrir les cercueils des deux filles de Charles IV, Marie et Blanche de France, mortes en 1341 et 1392.

Le tombeau de saint Louis était vide. On en avait retiré ses ossements, lors de sa canonisation, en 1297.

Sous une large dalle de pierre, on découvrit le cercueil, en forme d'auge lamée de plomb, du roi Philippe-le-Bel, mort à 46 ans en 1014. Le squelette était tout entier; on trouva encore un anneau d'or et un sceptre de cuivre doré, terminé par une touffe de feuillage, où était figuré un oiseau de même métal.

Enfin, le soir, à la lumière, on ouvrit les tombeaux de Dagobert, mort en 636, et de Nanthilde, sa femme, morte en 642. On trouva un coffre de bois d'environ deux pieds de long, garni en dedans de plomb, et où étaient leurs ossements enveloppés dans une touffe de soie, séparés les uns des autres par une planche intermédiaire, qui partageait le coffre en deux parties. La tête de la reine ne fut point retrouvée.

Les restes de ces deux princes, presque légendaires, furent transportés à Saint-Denis par les soins du roi saint Louis.

Le dimanche 20 octobre, on retira de la chapelle dite des Charles, le cercueil de plomb de Bertrand Du Guesclin, mort en 1380. Son squelette était tout entier, la tête bien conservée, les os bien propres et tout à fait desséchés.

Dans la journée, on trouva, après bien des recherches, l'entrée du caveau de François Ier. Ce caveau était grand et bien voûté. Il contenait renfermés dans des cercueils de plomb, posés sur des barres de fer, les corps de François Ier, mort en

1547, à 52 ans; Louise de Savoie, sa mère, morte en 1531; Claudine, sa femme, morte à 25 ans, en 1524; François, dauphin, mort à 19 ans, en 1536; Charles d'Orléans, son frère, mort à 23 ans, en 1544, et Charlotte, sa sœur, morte en 1524, à 8 ans.

Tous ces corps étaient en pourriture et en putréfaction liquide, et exhalaient une odeur insupportable, une eau noire coulait à travers leurs cercueils de plomb, dans le transport qu'on en fit au cimetière.

On ouvrit ensuite le tombeau de Pierre Beaucaire, chambellan de saint Louis; et le soir on découvrit le cercueil pourri de Mathieu de Vendôme, abbé et régent sous saint Louis et sous Philippe-le-Hardi. Le corps était consommé; mais on retrouva le haut de sa crosse de cuivre doré et quelques lambeaux de riche étoffe, ce qui marque qu'il avait été enseveli avec ses plus riches ornements d'abbé.

Le lundi 21 octobre, on découvrit un petit caveau où avaient été déposés, en août 1791, les ossements de six princes et une princesse de la famille de saint Louis, qui jusqu'alors avaient été à l'abbaye de Royaumont; on jeta ces restes dans la fosse commune; puis on commença à fouiller dans le sanctuaire, à gauche du grand autel.

Le mardi 22 octobre, on trouva deux cercueils l'un sur l'autre; le premier renfermait Arnaud Guillem, chambellan de Charles VII, et le second, Louis de Sancerre, connétable sous Charles VI, mort en 1402, à 60 ans. Sa tête était encore garnie de cheveux longs, et partagés en deux cadenettes bien tressées.

On retira ensuite de leurs cercueils de pierre l'abbé Suger, mort en 1151, et l'abbé Troon, mort en 1221. On ne trouva dans ces cercueils que quelques os presque en poussière, ainsi que dans la tombe de la femme de Jean Pastourelle, conseiller de Charles V, morte en 1380.

Le mercredi 23 octobre, on ouvrit le cercueil de Philippe de Valois, mort en 1350, à 57 ans. Il était fermé par une forte lame de plomb, soudée sur des barres de fer. On y trouva une couronne et un sceptre surmonté d'un oiseau de cuivre doré.

Dans le tombeau de sa femme, Jeanne de Bourgogne, morte en 1348, il y avait un anneau d'argent, un reste de quenouille et des os desséchés.

Le jeudi 24 octobre, on retrouva le cercueil de Charles-le-Bel, mort en 1328. Il renfermait une couronne d'argent doré, un sceptre de cuivre, haut de sept pieds, un anneau d'argent, un reste de main de justice, un bâton de bois d'ébène et un oreiller de plomb pour reposer la tête ; le corps était desséché.

Le vendredi 25 octobre, on s'aperçut que dans la nuit on était venu visiter le tombeau de Jeanne d'Evreux, femme de Charles IV, morte en 1370. La tombe était brisée, et la tête de la princesse avait disparu. On ne fit cependant aucune information.

On ouvrit le tombeau en pierre de

Philippe-le-Long, mort en 1322 ; son squelette était bien conservé, avec une couronne d'argent doré, enrichie de pierreries, une agrafe de son manteau en losange, avec une autre plus petite, aussi d'argent, sa ceinture d'étoffe satinée, une boucle et un sceptre dorés.

Au pied de son cercueil était un petit caveau, où on trouva le cœur de Jeanne de Bourgogne, renfermé dans une cassette de bois presque pourri.

On ouvrit ensuite le tombeau du roi Jean, mort en 1364 en Angleterre, à 56 ans. On y trouva son squelette tout entier, une couronne, un sceptre et une main de justice, le tout en argent doré.

Le mardi 29 octobre, les ouvriers allèrent au couvent des Carmélites faire l'extraction du cercueil de Louise de France, fille de Louis XV, morte à 51 ans, en 1787. Le corps était tout entier, mais en pleine putréfaction. Ses habits de Carmélite étaient très-bien conservés. On apporta le tout dans le cimetière, et le corps fut jeté dans la fosse commune.

Dans la nuit du 11 au 12 septembre, on enleva tout le trésor de la cathédrale, et le 13, vers 10 heures du matin, on le porta tout entier à la Convention, en grand appareil et solennel cortége, sous la garde des habitants de la ville, et au milieu d'une foule immense.

L'année suivante, le 18 janvier 1794, on retira encore de son cercueil quelques ossements du corps de la comtesse de Flandre, fille de Philippe-le-Long, morte en 1382, à 66 ans. Mais il est certains grands personnages, le cardinal de Retz entre autres, dont on ne put trouver les tombeaux.

En avril 1796, on démolit encóre le tombeau du grand Turenne, tué en 1675, à 64 ans. Ce beau monument, conservé intact, fut transporté aux Petits-Augustins, au faubourg Saint-Germain, à Paris, où furent rassemblés tous des autres tombeaux qui n'avaient pas été complétement détruits.

Depuis, en 1800, le premier consul Bonaparte fit porter le tombeau de Turenne à l'hôtel des Invalides, où il est resté.

L'église, qui était toute couverte de plomb, ne fut découverte, et le plomb porté à Paris, qu'en 1795; le 6 septembre 1796, on apporta des tuiles et des ardoises, pour refaire la couverture et préserver l'édifice.

On enleva encore les superbes grilles de fer, faites en 1702 par le serrurier Pierre Denys, et on les déposa, en juillet 1796, à la Bibliothèque du collége Mazarin à Paris

En 1816, la Restauration fit extraire de la fosse commune, où la révolution les avait jetés, les quelques ossements qui avaient résisté à l'action dévorante du lit de chaux où ils avaient reposé pendant 23 ans; on mit ces restes pêle-mêle dans un caveau aujourd'hui muré.

Dans le caveau dit des Bourbons, on peut voir encore de nos jours six cercueils :

Ceux qui contiennent les quelques ossements présumés de Louis XVI, de Marie-Antoinette et du petit dauphin, lesquels restes, retirés en 1815 du cimetière de la Madeleine, sur l'emplacement duquel a été élevé le monument expiatoire, ne sont pas positivement authentiques;

Celui du duc de Berry, assassiné en 1820;

Celui du prince de Condé, qu'on trouva pendu, en août 1830, à une fenêtre de son palais;

Et enfin, à l'entrée du caveau, le cercueil du roi Louis XVIII, mort en 1824, et attendant, pour prendre sa place définitive, que son successeur Charles X, mort à Goritz, en 1836, vienne le remplacer.

On a retrouvé encore, pendant les travaux actuellement en cours d'exécution pour rétablir les tombeaux vides dans leur état et leur lieu primitifs, plusieurs cercueils qui avaient échappé aux recherches faites en 1793.

Ces importants travaux sont de deux sortes : travaux de consolidation et travaux destinés à restituer au vieux monument du XIIIe siècle son aspect primitif, profondément altéré par de maladroites et prétendues restaurations.

La voûte de la nef sera peinte et fleuronnée, comme au temps de Philippe-le-Hardi ; les vitraux modernes, qui représentent des scènes du premier Empire et même du règne de Louis-Philippe, seront remplacés par des copies de vitraux du temps.

Les magnifiques tombeaux, ceux de Dagobert, de Louis XII, de François Ier, de Henri II, etc., seront replacés dans leur ordre ancien, aux bas-côtés du chœur. On y ajoutera celui de l'empereur Napoléon Ier, à gauche du maître-autel, faisant pendant à celui de Dagobert.

Le maître-autel aura de nouveau le style gothique du XIIIe siècle ; et a tour elle-même, encore debout mais peu solide, sera abattue; les deux tours qui existaient dans l'origine seront alors réédifiées.

Enfin, au-dessous de l'arrière-chœur, et déjà en partie établi, sera le caveau impérial destiné à la sépulture des princes et princesses de la dynastie aujourd'hui régnante.

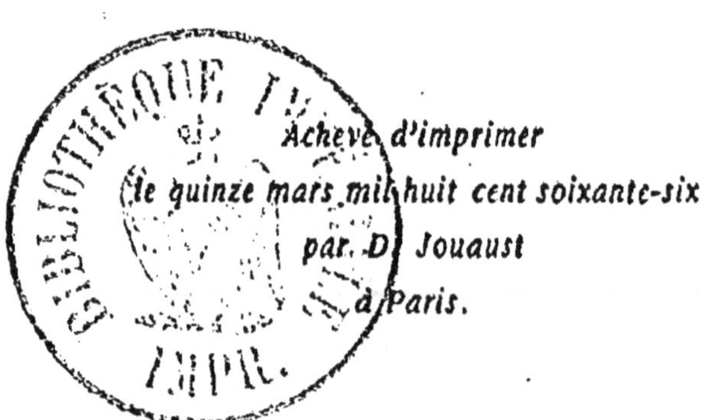

Achevé d'imprimer
le quinze mars mil huit cent soixante-six
par D. Jouaust
à Paris.

POUR PARAITRE PROCHAINEMENT

dans le même format

RELATION

DE

LA MALADIE ET DE LA MORT

DE

LOUIS XV

Paris. — Imprimerie JOUAUST, rue Saint-Honoré, 338.

www.ingramcontent.com/pod-product-compliance
Lightning Source LLC
LaVergne TN
LVHW010104230826
846091LV00005B/2085

* 9 7 8 2 0 1 3 3 7 6 7 9 2 *